Ciao ragazzo, ciao ragazza,

in Forza! 2 Italienisch Grammatik kompakt 3. Lernjahr kannst du schnell und einfach die wichtigste Grammatik des dritten Lernjahres nachschlagen und nachlesen. Es eignet sich bestens für unterwegs und für die Schule.

Buon lavoro!

Verena Lechner

Herstellung und Verlag:
BoD - Books on Demand, Norderstedt
ISBN 978-3-7347-9780-4

Indice
Inhaltsverzeichnis

L'imperfetto
Die Mitvergangenheit

La formazione dell'imperfetto – Die Bildung der Mitvergangenheit

	parlare	prendere	dormire
io	parlavo	prendevo	dormivo
tu	parlavi	prendevi	dormivi
lui/lei/Lei	parlava	prendeva	dormiva
noi	parlavamo	prendevamo	dormivamo
voi	parlavate	prendevate	dormivate
loro	parlavano	prendevano	dormivano

Regelmäßige Verben auf – *are* bilden die Mitvergangenheit mit dem Stamm des Verbs und den Endungen *–avo, –avi, –ava, –avamo, –avate, –avano.*

Bei den regelmäßigen Verben auf *–ere* hängt man an den Verbstamm die Endungen *–evo, –evi, –eva, –evamo, –evate, –evano*; bei den regelmäßigen Verben auf *–ire* die Endungen *–ivo, –ivi, –iva, –ivamo, –ivate, –ivano.*

Verben mit unregelmäßigen Formen

	essere	fare	dire
io	ero	facevo	dicevo
tu	eri	facevi	dicevi
lui/lei/Lei	era	faceva	diceva
noi	eravamo	facevamo	dicevamo
voi	eravate	facevate	dicevate
loro	erano	facevano	dicevano

	bere	tradurre	porre
io	bevevo	traducevo	ponevo
tu	bevevi	traducevi	ponevi
lui/lei/Lei	beveva	traduceva	poneva
noi	bevevamo	traducevamo	ponevamo
voi	bevevate	traducevate	ponevate
loro	bevevano	traducevano	ponevano

Wie *tradurre: condurre.*

Zum Gebrauch der Mitvergangenheit siehe Kapitel *L'imperfetto ed il passato prossimo.*

L'imperfetto ed il passato prossimo
Die Mitvergangeheit und die Vergangenheit

L'uso dell'imperfetto – Der Gebrauch der Mitvergangenheit

Das *imperfetto* ist eine Zeitform der Vergangenheit und wird verwendet bei

- Beschreibungen (zB Gefühlen, Wetter, Eigenschaften von Personen,…)
- gewohnten oder wiederholten Handlungen
- gleichzeitig laufenden Handlungen in der Vergangenheit
- Handlungen, die zum Zeitpunkt des Geschehens noch nicht abgeschlossen sind.

Das *imperfetto* im Vergleich zum *passato prossimo*

imperfetto	passato prossimo
- Gewohnheiten *Ogni mattina bevevo un caffè.*	- einmalige Handlungen *Ieri ho bevuto un tè.*
- wiederholte Handlungen *Tutte le sere preparavo la cena.*	- wiederholte Handlungen die allerdings gezählt werden *Ho preparato la cena tre volte.*
- gleichzeitig laufende Handlungen *Mentre mangiavo leggevo il giornale.*	- aufeinanderfolgende Handlungen, Handlungskette *Sono tornato a casa, ho mangiato, mi sono lavato e poi sono andato a letto.*
- Beschreibung von Zuständen *La signora era alta e aveva i capelli grigi.*	- Erzählungen von Geschehnissen *Il mio papà ha comprato una nuova macchina.*

- zum Zeitpunkt des Geschehens noch nicht abgeschlossene Handlungen *Ieri l'autobus era in ritardo e non arrivava.*	- abgeschlossene Handlungen *Ieri ho aspettato l'autobus per 30 minuti. Finalmente è arrivato.*
- Handlungen mit unbestimmter Dauer *C'era una volta una bella ragazza.*	- Handlungen mit konkreter Dauer *Sono stata dalla nonna per due giorni.*
- längere Handlungen, die von einer kürzeren unterbrochen werden *Mentre mangiavo ha suonato il telefono.*	- kürzere Handlungen, die eine länger Handlung unterbrechen *Qualcuno ha bussato alla porta mentre facevo la doccia.*
Das *imperfetto* beantwortet die Frage **„was war?"**	Das *passato prossimo* beantwortet die Frage **„was geschah?"**

Signalwörter

imperfetto	**passato prossimo**
ancora, di solito, in genere,	da…a…, fino a, all'improviso,
ogni volta, tutti i giorni, già, sempre,	allora, quindi, così,
spesso, ogni estate, normalmente,	in quel attimo, in quel momento,
da bambino, da piccola, mentre	prima…poi…

Attenzione!

Bei einigen Verben gibt es einen **Bedeutungsunterschied**, jenachdem, ob man sie im *imperfetto* oder im *passato prossimo* verwendet.

imperfetto	passato prossimo
sapere	**sapere**
Sapevo che lei ha una nuova macchina. (Ich wusste, dass sie ein neues Auto hat.)	*Ho saputo che lei ha una nuova macchina.* (Ich habe erfahren, dass sie ein neues Auto hat.)
conoscere	**conoscere**
Da bambina conoscevo molta gente a Roma. (Als ich klein war kannte ich viele Leute in Rom.)	*Alla festa ho conosciuto tanta gente nuova.* (Auf dem Fest habe ich viele neue Leute kennengelernt.)
avere	**avere**
Maria aveva già due figli. (Maria hatte schon zwei Kinder.)	*Maria ha avuto una figlia.* (Maria hat eine Tochter bekommen.)
sentirsi	**sentirsi**
Paolo non si sentiva bene. (Paolo fühlte sich nicht gut.)	*Paolo si è sentito male.* (Paolo wurde es schlecht.)

Volere im *imperfetto*

Das Verb *volere* kann man in der Mitvergangenheit verwenden um

- eine höfliche Bitte auszudrücken.

Volevo chiederti un favore. – Ich wollte dich um einen Gefallen bitten.

- einen Wunsch oder eine Absicht auszudrücken.

In estate volevo andare in Italia. – Im Sommer wollte ich nach Italien fahren.

Dovere/Potere im imperfetto und *passato prossimo*

Werden *dovere* und *potere* im *imperfetto* verwendet ist nicht klar, ob die Handlung tatsächlich stattgefunden hat.

Doveva fare i compiti ancora una volta. (Er musste die Hausübungen nochmal machen. – Es ist nicht klar, ob er sie tatsächlich gemacht hat.)

Ha dovuto fare i compiti ancora una volta. (Er musste die Hausübungen nochmal machen. – Er hat sie tatsächlich nochmal gemacht.)

Mentre – durante

Das deutsche Wort „während" wird im Italienischen mit *mentre* oder *durante* wiedergegeben.

Durante steht immer vor einem Hauptwort:

Durante la lezione ascolto la professoressa.

(Während dem Unterricht höre ich der Professorin zu.)

Mit *mentre* werden zwei Sätze verbunden. *Mentre* steht immer vor einem Zeitwort:

Mentre faccio la doccia, ascolto la radio.

(Während ich dusche höre ich Radio.)

Attenzione!

In der Vergangenheit steht nach *mentre* immer das *imperfetto*:

Mentre mangiavo, leggevo il giornale.

Il condizionale
Der Konditional

Il condizionale presente – Der Konditional I

La formazione del condizionale presente – Die Bildung des Konditional I

	parlare	prendere	dormire
io	parlerei	prenderei	dormirei
tu	parleresti	prenderesti	dormiresti
lui/lei/Lei	parlerebbe	prenderebbe	dormirebbe
noi	parleremmo	prenderemmo	dormiremmo
voi	parlereste	prendereste	dormireste
loro	parlerebbero	prenderebbero	dormirebbero

Der *condizionale presente* (oder auch *condizionale semplice*) wird gebildet mit
dem Infinitiv und den Endungen **–ei, -esti, -ebbe, -emmo, -este, -ebbero.**

Das finale *e* beim Infinitiv fällt allerdings weg: *dormir-ei, dormir-esti,...*

Bei den Verben auf *–are* wird das *a* zu *e*: *parl-e-rei, parl-e-resti,...*

Attenzione!

Bei Verben auf *–care* und *–gare* muss man auf die Schreibweise achten:

cercare: cercherei, cercheresti, cercherebbe,...

pagare: pagherei, pagheresti, pagherebbe,...

Hier wird nach dem *c* bzw. *g* ein *h* eingefügt um die Aussprache zu erhalten.

Bei Verben auf *–ciare* und *–giare* entfällt das *i*:

cominciare: comincerei, cominceresti, comincerebbe,...

mangiare: mangerei, mangeresti, mangerebbe,...

Unregelmäßige Formen

essere: sarei, saresti, sarebbe, saremmo, sareste, sarebbero

bere: berrei, berresti, berrebbe, berremmo, berreste, berrebbero

rimanere: rimarrei, rimarresti, rimarrebbe, rimarremmo, rimarreste,
            rimarrebbero

tenere: terrei, terresti, terrebbe, terremmo, terreste, terrebbero

venire: verrei, verresti, verrebbe, verremmo, verreste, verrebbero

volere: vorrei, vorresti, vorrebbe, vorremmo, vorreste, vorrebbero

andare: andrei, andresti, andrebbe, andremmo, andreste, andrebbero

avere: avrei, avresti, avrebbe, avremmo, avreste, avrebbero

cadere: cadrei, cadresti, cadrebbe, cadremmo, cadreste, cadrebbero

dovere: dovrei, dovresti, dovrebbe, dovremmo, dovreste, dovrebbero

godere: godrei, godresti, godrebbe, godremmo, godreste, godrebbero

potere: potrei, potresti, potrebbe, potremmo, potreste, potrebbero

sapere: saprei, sapresti, saprebbe, sapremmo, sapreste, saprebbero

vedere: vedrei, vedresti, vedrebbe, vedremmo, vedreste, vedrebbero

vivere: vivrei, vivresti, vivrebbe, vivremmo, vivreste, vivrebbero

dare: darei, daresti, darebbe, daremmo, dareste, darebbero

fare: farei, faresti, farebbe, faremmo, fareste, farebbero

stare: starei, staresti, starebbe, staremmo, stareste, starebbero

Alle diese Verben haben denselben unregelmäßigen Stamm wie im *futuro semplice* (siehe Kapitel *Il futuro*).

L'uso del condizionale presente – Der Gebrauch des Konditional I

Der Konditional I wird in folgenden Situationen verwendet:

- zum Ausdruck einer Möglichkeit

Potremmo andare in America nelle vacanze.

(Wir könnten in den Ferien nach Amerika fahren.)

- bei Vermutungen über die Gegenwart oder die Zukunft

Il film ti piacerebbe sicuramente.

(Der Film wird dir sicher gefallen.)

- um eine Bitte oder eine Aufforderung zu formulieren

Mi aiuteresti, per favore?

(Könntest du mir bitte helfen?)

- um einen Ratschlag zu erteilen oder einen Vorschlag zu machen

Io al posto tuo non lo farei.

(Ich würde es an deiner Stelle nicht machen.)

Io farei più sport.

(Ich würde mehr Sport machen.)

- um eine Frage oder einen Wunsch zu formulieren

Ti piacerebbe andare al cinema?

(Würdest du gerne ins Kino gehen?)

Mi piacerebbe andare in Francia.

(Ich würde gerne nach Frankreich fahren.)

Il condizionale passato – Der Konditional II

La formazione del condizionale passato – Die Bildung des Konditional II

Der *condizionale passato* (oder *condizionale composto*) ist eine zusammengesetzte Zeit. Der *condizionale passato* wird gebildet mit dem Hilfsverb *essere* oder *avere* und dem Partizip.

Bildet man den *condizionale passato* mit *essere* wird das Partizip mit dem Subjekt übereingestimmt (vergleiche *passato prossimo*.)

Bildung mit *avere*:

avrei	mangiato	avremmo	mangiato
avresti	mangiato	avreste	mangiato
avrebbe	mangiato	avrebbero	mangiato

Bildung mit *essere*:

sarei	andato/a	saremmo	andati/e
saresti	andato/a	sareste	andati/e
sarebbe	andato/a	sarebbero	andati/e

L'uso del condizionale passato – Der Gebrauch des Konditional II

Der Konditional II wird in folgenden Situationen verwendet:

- bei Vermutungen über die Vergangenheit

Paolo sarebbe stato malato.

(Paolo dürfte krank gewesen sein.)

- zum Ausdruck einer nicht verwirklichten Handlung

Luisa purtroppo a perso l'autobus. Altrimenti sarebbe venuta alla festa.

(Luisa hat den Bus versäumt. Ansonsten wäre sie zum Fest gekommen.)

Avrei fatto una passeggiata ma con questo brutto tempo…

(Ich hätte einen Spaziergang gemacht aber bei diesem schlechten Wetter…)

	Il futuro		
	Die Zukunft		

Il futuro semplice – Die Zukunft I

La formazione del futuro semplice – Die Bildung der Zukunft I

	parlare	**prendere**	**dormire**
io	parlerò	prenderò	dormirò
tu	parlerai	prenderai	dormirai
lui/lei/Lei	parlerà	prenderà	dormirà
noi	parleremo	prenderemo	dormiremo
voi	parlerete	prenderete	dormirete
loro	parleranno	prenderanno	dormiranno

Das *futuro semplice* wird gebildet mit dem Infinitiv und den Endungen *-ò, -ai, -à, -emo, -ete, -anno.* Das finale *e* beim Infinitiv fällt dabei weg: *dormir-ò, dormir-ai,…*
Bei den Verben auf *-are* wird das *a* zu *e: parl-e-rò, parl-e-rai,…*

Attenzione!
Bei Verben auf *–care* und *–gare* muss man auf die Schreibweise achten:
cercare: cercherò, cercherai, cercherà,…
pagare: pagherò, pagherai, pagherà,…
Hier wird nach dem *c* bzw. *g* ein *h* eingefügt um die Aussprache zu erhalten.

Bei Verben auf *–ciare* oder *–giare* entfällt das *i*:
cominciare: comincerò, comincerai, comincerà,…
mangiare: mangerò, mangerai, mangerà,…

Unregelmäßige Formen

essere:	sarò, sarai, sarà, saremo, sarete, saranno

bere:	berrò, berrai, berrà, berremo, berrete, berranno
rimanere:	rimarrò, rimarrai, rimarrà, rimarremo, rimarrete, rimarranno
tenere:	terrò, terrai, terrà, terremo, terrete, terranno
venire:	verrò, verrai, verrà, verremo, verrete, verranno
volere:	vorrò, vorrai, vorrà, vorremo, vorrete, vorranno

andare:	andrò, andrai, andrà, andremo, andrete, andranno
avere:	avrò, avrai, avrà, avremo, avrete, avranno
cadere:	cadrò, cadrai, cadrà, cadremo, cadrete, cadranno
dovere:	dovrò, dovrai, dovrà, dovremo, dovrete, dovranno
godere:	godrò, godrai, godrà, godremo, godrete, godranno
potere:	potrò, potrai, potrà, potremo, potrete, potranno
sapere:	saprò, saprai, saprà, sapremo, saprete, sapranno
vedere:	vedrò, vedrai, vedrà, vedremo, vedrete, vedranno
vivere:	vivrò, vivrai, vivrà, vivremo, vivrete, vivranno

dare:	darò, darai, darà, daremo, darete, daranno
fare:	farò, farai, farà, faremo, farete, faranno
stare:	starò, starai, starà, staremo, starete, staranno

Alle diese Verben haben denselben unregelmäßigen Stamm wie im *condizionale presente* (siehe Kapitel *Il condizionale*).

L'uso del futuro semplice – Der Gebrauch der Zukunft I

Das *futuro semplice* verwendet man

- für Vorgänge in der Zukunft

Il fine settimana andremo a Bologna.

(Am Wochenende werden wir nach Bologna fahren.)

- für Vermutungen

Domani farà bel tempo., Luigi passerà l'esame.

(Morgen wird das Wetter schön werden., Luigi wird die Prüfung bestehen.)

- als Ersatz für die Befehlsform bei ausdrücklichen Aufforderung und Geboten

Non andrai al cinema domani!

(Morgen wirst du nicht ins Kino gehen!)

Attenzione!

Das *futuro semplice* wird häufig durch die Form des *presente* ersetzt, wenn aus dem Zusammenhang klar wird, dass es sich um eine Handlung in der Zukunft handelt.

Domani vado/andrò al cinema con Paolo e Luisa.

(Morgen werde ich mit Paolo und Luisa ins Kino gehen.)

Steht eine Handlung in der unmittelbaren Zukunft kann man auch ***stare per*** verwenden:

Il treno sta per arrivare. (Der Zug kommt gerade an.)

Il futuro anteriore – Die Zukunft II

La formazione del futuro anteriore – Die Bildung der Zukunft II

Das *futuro anteriore* ist eine zusammengesetzte Zeit. Es wird gebildet mit dem Hilfsverb **essere** oder **avere** und dem Partizip.

Bildet man das *futuro anteriore* mit *essere* wird das Partizip mit dem Subjekt übereingestimmt (vergleiche *passato prossimo*).

Bildung mit *avere*:

avrò	mangiato	avremo	mangiato
avrai	mangiato	avrete	mangiato
avrà	mangiato	avranno	mangiato

Bildung mit *essere*:

sarò	andato/a	saremo	andati/e
sarai	andato/a	sarete	andati/e
sarà	andato/a	saranno	andati/e

L'uso del futuro anteriore – Der Gebrauch der Zukunft II

Das *futuro anteriore* wird verwendet:

- zum Ausdruck von Vermutungen

Perché non ha fatto il bucato? – Non lo so, magari avrà avuto qualcos'altro da fare.

(Wieso hat er die Wäsche nicht gemacht? – Ich weiß es nicht, vielleicht hatte er etwas Anderes zu tun.)

- zum Ausdruck von Vorzeitigkeit (häufig in Verbindung mit *quando, appena, dopo che*)

Quando ritorni a casa io sarò già partita.

(Wenn du nach Hause kommst werde ich schon gegangen sein.)

Appena avrà finito la scuola, comincerà a studiare.

(Sobald sie mit der Schule fertig sein wird, wird sie zu studieren beginnen.)

Dopo che la mamma avrà fatto la torta ti telefonerò.

(Nachdem Mama die Torte gemacht haben wird werde ich dich anrufen.)

Il trapassato prossimo
Die Vorvergangenheit

La formazione del trapassato prossimo – Die Bildung der Vorvergangenheit

Das **trapassato prossimo** ist, wie das *passato prossimo*, eine zusammengesetzte Zeit und besteht aus zwei Teilen, dem **Hilfsverb** und dem **Partizip**. Das Hilfsverb, *avere* oder *essere*, steht im *imperfetto*.

Bildung mit *avere*:

avevo	mangiato	avevamo	mangiato
avevi	mangiato	avevate	mangiato
aveva	mangiato	avevano	mangiato

Bildung mit *essere*:

ero	andato/a	eravamo	andati/e
eri	andato/a	eravate	andati/e
era	andato/a	erano	andati/e

Wird die Vorvergangenheit mit dem Hilfsverb *essere* gebildet wird das Partizip mit dem Subjekt übereingestimmt (vergleiche: *passato prossimo* mit *essere*).

L'uso del trapassato prossimo – Der Gebrauch der Vorvergangenheit

Das *trapassato prossimo* verwendet man für Handlungen in der Vergangenheit, die noch vor anderen vergangenen Handlungen geschehen sind.

Ho mangiato i biscotti che avevo comprato ieri.

(Ich habe die Kekse gegessen welche ich gestern gekauft hatte.)

Dopo che avevo fatto i compiti sono uscita con le mie amiche.

(Nachdem ich die Hausübungen gemacht hatte bin ich mit meinen Freundinnen ausgegangen.)

I pronomi combinati
Die zusammengesetzten Pronomen

	lo	la	li	le	ne
mi	me lo	me la	me li	me le	me ne
ti	te lo	te la	te li	te le	te ne
gli	glielo	gliela	glieli	gliele	gliene
le	glielo	gliela	glieli	gliele	gliene
Le	Glielo	Gliela	Glieli	Gliele	Gliene
ci	ce lo	ce la	ce li	ce le	ce ne
vi	ve lo	ve la	ve li	ve le	ve ne
gli	glielo	gliela	glieli	gliele	gliene
si	se lo	se la	se li	se le	se ne

Bei den kombinierten Pronomen steht im Italienischen der dritte vor dem vierten Fall bzw. *ne*. Das *i* von *mi/ti/ci/vi* wird dabei zu *e*.

Me lo dici?, Ce lo date?, Te ne ha dato uno?

Das Gleiche gilt bei den rückbezüglichen Verben *mi/ti/si/ci/vi/si*:

Mi lavo le mani. – Me le lavo.

Si lava le mani. – Se le lava.

Die Pronomen *gli/le/Le/gli* verschmelzen mit dem 4. Fall bzw. *ne* zu einem Wort:

Glielo danno domani, Gliene ha parlato?

Bezüglich der Satzstellung gelten die gleichen Regeln wie bei den einfachen Pronomen.

Pronomen stehen vor dem konjugierten Verb. Steht eine Nennform im Satz so können die Pronomen an die Nennform angehängt werden.

Me lo devi dire. – Devi dirmelo.

(Siehe auch Kapitel *I pronomi*, Forza! 1 kompakt)

Zur Satzstellung beim *imperativo* siehe auch Kapitel *L'imperativo*, Forza 1 kompakt.

Lo, la, li, le und *ne* müssen in zusammengesetzten Zeiten mit dem Partizip übereingestimmt werden:

Mi ha dato la borsa ieri. – Me l'ha data ieri.

Le hanno venduto la casa. – Gliela hanno venduta.

(Siehe zur Übereinstimmung auch Kapitel *I pronomi diretti con il passato prossimo*, Forza! 1 kompakt)

I pronomi indefiniti
Die Indefinitpronomen

Bei den Indefinitpronomen unterscheidet man zwischen Pronomen die nur adjektivisch, nur pronominal oder adjektivisch und pronominal verwendet werden.

Indefinitpronomen, die nur **adjektivisch** verwendet werden, haben nur eine Singularform (Endung auf *-i* oder *-e*) – sind also somit unveränderlich – und bestimmen Personen, Sachen oder Mengen näher. Das folgende Hauptwort steht im Singular.

ogni – jede/r
Nach *ogni* verwendet man das Hauptwort im Singular:
ogni volta, ogni settimana (jedes Mal, jede Woche)
Bei der Kombination ***ogni* + Grundzahl + Hauptwort** steht das Hauptwort jedoch im Plural und hat die Bedeutung von „alle":
ogni tre giorni (alle drei Tage)

qualche – einige
Nach *qualche* verwendet man das Hauptwort im Singular:
qualche settimana, qualche tempo (einige Wochen, einige Zeit)

qualunque / qualsiasi – jeder beliebige
Nach *qualunque / qualsiasi* verwendet man das Hauptwort im Singular:
Puoi venire da me a qualsiasi ora. (Du kannst zu jeder beliebigen Zeit zu mir kommen.)

Indefinitpronomen, die nur **pronominal** verwendet werden, können veränderlich oder unveränderlich sein. Sie können für Mengen, Personen oder Sachen stehen.

qualcosa – etwas

Qualcosa ist unveränderlich und wird bei Sachen verwendet.

Mi hai comprato qualcosa di bello? (Hast du mir etwas Schönes gekauft?)

qualcuno/a – jemand

Qualcuno mi ha mandato una lettera? (Hat mir jemand einen Brief geschickt?)

niente – nichts

Niente ist unveränderlich und wird bei Sachen verwendet.

Non ti ho comprato niente. (Ich habe dir nichts gekauft.)

chiunque – jemand

Chiunque ist unveränderlich und wird bei Personen verwendet.

Chiunque ha comprato il suo libro. (Jeder hat sein Buch gekauft.)

uno/a – eine/r

Una ti ha scritto un'emai. (Eine hat dir eine Mail geschrieben.)

Die Pluralformen *uni/une* werden nur wie folgt verwendet:

gli uni...gli altri... / le une...le altre (die einen...die anderen)

ognuno/a – jede/r einzelne

Ognuna delle nonne ha preparato una torta. (Jede Oma hat eine Torte gemacht.)

Indefinitpronomen, die sowohl **adjektivisch** als auch **pronominal** verwendet werden, können für Personen, Sachen oder Mengen stehen.

Im Folgenden Abschnitt werden pro Pronomen immer zwei Beispiele angeführt: adjektivisch (a) und pronominal (p).

alcuni/e – einige

(a) Alcuni studenti non fanno mai il compito. (Einige Studenten machen nie die Hausübung.)

(p) Alcuni hanno comprato questo DVD. (Einige haben diese DVD gekauft.)

altro/-a/-i/-e – andere(r)

(a) Mi sono decisa. Compro l'altra macchina. (Ich habe mich entschieden. Ich kaufe das andere Auto.)

(p) Gli altri sono venuti in ritardo. (Die anderen sind zu spät gekommen.)

certo/-a/-i/-e – manche, gewisse/r

(a) Certe cose non cambiano mai. (Gewisse Dinge ändern sich nie.)

(p) Certi dicono che il signore è già partito. (Manche sagen, dass der Herr schon abgefahren ist.)

diverso/-a/-i/-e – mehrere, verschiedene

(a) Al mercato ho comprato diverse cose. (Auf dem Markt habe ich verschiedene Dinge gekauft.)

(p) Diversi vogliono andare al teatro. (Mehrere wollen ins Theater gehen.)

molto/-a/-i/-e – viel, viele

(a) Mi piacciono molti dei suoi film. (Mir gefallen viele seiner Filme.)

(p) Molti dicono che non è vero. (Viele sagen, dass es nicht wahr ist.)

nessuno/-a – kein, niemand

(a) Per lei non c'è nessuna possibilità. (Für sie gibt es keine Möglichkeit.)

(p) Nessuno è venuto alla sua festa. (Niemand ist zu seinem Fest gekommen.)

poco/-a/-chi/-che – wenig, wenige

(a) Ho solo pochi soldi. (Ich habe nur wenig Geld.)

(p) Pochi mangiano gli spinaci. (Wenige essen Spinat.)

tanto/-a/-i/-e – viel, viele

(a) Ha ancora tante cose da fare prima di venire da te. (Bevor ich zu dir komme

habe ich noch viele Sachen zu machen.)

(p) Tanti sono venuti alla festa. (Viele sind zum Fest gekommen.)

troppo/-a/-i/-e – zu viel, zu viele

(a) Ha detto troppe bugie. (Er hat zu viele Lügen erzählt.)

(p) Troppi sanno la verità. (Zu viele kennen die Wahrheit.)

tutto/-a/-i/-e – ganz, alle, alles

(a) Hai mangiato tutto il formaggio? (Hast du den ganzen Käse gegessen?)

(p) Tutti mi hanno aiutato. (Alle haben mir geholfen.)

Attenzione:

Tutto als Adjektiv wird mit dem bestimmten Artikel verwendet.

Tutto + Artikel + Hauptwort bedeutet „ganz":

Ho letto tutto il giorno. (Ich habe den ganzen Tag gelesen.)

Tutti/tutte + Zeitangabe im Plural ist gleichbedeutend mit *ogni*:

tutte le domeniche = ogni domenica (jeden Sonntag)

Le congiunzioni
Die Konjunktionen

Konjunktionen werden im Italienischen, wie auch im Deutschen, in verschiedene Kategorien eingeteilt.

Beiordnende Konjunktionen werden unterteilt in: anreihende, ausschließende, entgegensetzende, erläuternde und folgernde Konjunktionen.

Anreihende Konjunktionen:

e	und
anche	auch
pure	auch
inoltre	außerdem
neanche	auch nicht
neppure	auch nicht
nemmeno	auch nicht

Ausschließende Konjunktionen:

o	oder
oppure	oder / sonst
altrimenti	ansonsten

Entgegensetzende Konjunktionen:

ma	aber
però	aber / jedoch
tuttavia	trotzdem

anzi	im Gegenteil
al contrario	im Gegenteil
eppure	dennoch
invece	stattdessen / jedoch

Erläuternde Konjunktionen:

cioè	das heißt
infatti	tatsächlich

Folgernde Konjunktionen:

allora	also
dunque	also
quindi	also
per questo	daher
pertanto	daher
perciò	deshalb

Unterordnende Konjunktionen werden unterteilt in: entgegensetzende, zeitliche, kausale, einräumende, konditionale, modale und konsekutive (eine Folge einleitende) Konjunktionen.

(In Forza! 2 kompakt werden nur Konjunktionen angeführt, die mit dem Indikativ verwendet werden.)

Entgegensetzende Konjunktionen:

mentre	während
quando	während

Zeitliche Konjunktionen.

dopo che	nachdem
appena	sobald
ogni volta che	jedes Mal wenn
finché	solange bis
quando	als / wenn
da quando	seitdem

Kausale Konjunktionen:

perché	da, weil
siccome	da, weil
dato che	da, weil
visto che	da, weil

Achtung!

Perché wird im Satzinneren verwendet, alle anderen am Satzanfang!

Einräumende Konjunktionen:

anche se	auch wenn

Konditionale Konjunktionen:

se	falls / wenn

Modale Konjunktionen:

come	wie

Konsekutive Konjunktionen:

in modo che	so dass
tanto che	so sehr, dass

Grammatikalische Ausdrücke

Adjektiv	Eigenschaftswort	aggettivo	grande, buono
Adverb	Umstandswort	avverbio	bene, male
Artikel	Geschlechtswort	articolo	il, la
feminin (f)	weiblich	femmine	una pizza buona
Imperativ	Befehlsform	imperativo	Aspetta!
Infinitiv	Nennform	infinito	andare
Komparativ	1. Steigerungsstufe	comparativo	più interessante
maskulin (m)	männlich	maschile	un piccolo uomo
Modalverb		verbo servile	dovere, sapere
Objekt	Satzergänzung	oggetto	Leggo il libro.
Partizip	Mittelwort	participio	andato, letto
Perfekt	Vergangenheit	passato prossimo	ho mangiato
Plural	Mehrzahl	plurale	libri, donne
Possessivpronomen	besitzanzeigendes Fürwort	aggettivo possessivo	la mia casa, il tuo computer
Präposition	Vorwort	preposizione	a Napoli, da Maria
Präsens	Gegenwart	presente	dico, vedi
Pronomen	Fürwort	pronome	lo, li, gli
Reflexives Verb	rückbezügliches Verb	verbo riflessivo	chiamarsi, alzarsi
Relativpronomen	bezügliches Fürwort	pronome relativo	che, cui

Singular	Einzahl	singolare	libro, donna
Subjekt	Satzgegenstand	soggetto	Maria mangia.
Substantiv	Hauptwort	sostantivo	borsa, telefono
Superlativ	2. Steigerungsstufe	superlativo	il più grande uomo
Verb	Zeitwort	verbo	scrivere

www.lernhilfen-sprachen.com

www.lernhilfen-shop.com

Titelbild: Fotolia

ISBN-13: 9783739289359

ISBN-10: 373928935X